Maria Salette de Assis
Wilma Ruggeri

DIGESTÃO EMOCIONAL

*Para situações que ainda estão
"atravessadas em sua garganta"*

CB001989

Paulinas

Dados Internacionais de Catalogação na Publicação (CIP)
(Câmara Brasileira do Livro, SP, Brasil)

Assis, Maria Salette de
    Digestão emocional : para situações que ainda estão "atravessadas em sua garganta"/
Maria Salette de Assis, Wilma Ruggeri; ilustrações de capa e miolo Rosarlette Meirelles.
— 6. ed. — São Paulo : Paulinas, 2009. — (Coleção Sabor de vida)

ISBN 978-85-356-0983-7

1. Auto-ajuda – Técnicas   2. Psicologia aplicada   3. Solução de problemas (Psicologia)
I. Ruggeri, Wilma.   II. Meirelles, Rosarlette.   III. Título.   IV. Série.

09-02404   CDD-158

Índice para catálogo sistemático:

1. Solução de problemas : Psicologia aplicada   158

Direção geral: Flávia Reginatto
Editora responsável: Celina H. Weschenfelder
Assistente de edição: Daniela Medeiros Gonçalves
Coordenação de revisão: Andréia Schweitzer
Revisão: Viviane Oshima e Patrizia Zagni
Direção de arte: Irma Cipriani
Gerente de produção: Felício Calegaro Neto
Produção de arte: Marta Cerqueira Leite
Ilustrações: Rosarlette Meirelles

6ª edição - 2009
2ª reimpressão - 2018

Paulinas
Rua Dona Inácia Uchoa, 62
04110-020 – São Paulo – SP (Brasil)
Tel.: (11) 2125-3500
http://www.paulinas.com.br – editora@paulinas.com.br
Telemarketing e SAC: 0800-7010081

© Pia Sociedade Filhas de São Paulo – São Paulo, 2003

Sumário

Introdução

ssim como o organismo físico, ao ingerir um alimento estragado, tem duas opções — colocá-lo para fora ou se utilizar de um antiácido para digeri-lo —, assim também acontece com nosso organismo emocional. Ao convivermos com situações difíceis, temos dois caminhos: rejeitamo-las, tentando eliminá-las da nossa vida, o que nem sempre é possível; ou aprendemos a conviver com elas, digerindo-as adequadamente. Caso isso não aconteça, você pode viver com uma eterna indigestão emocional.

Este livro tem como proposta apresentar vários "sais de frutas" emocionais para ajudá-lo(a) a digerir aquelas situações que você ainda não conseguiu engolir e por isso até hoje lhe causam tristeza, raiva, medo, depressão...

Esperamos que daqui em diante você tenha sempre no bolso (da cabeça) esses eficientes "sais de frutas", para utilizá-los no momento em que as coisas ficarem atravessadas na sua garganta.

Acredite: Funciona!

Boa digestão...

1. Situação indigesta:
Ansiedade

*"Meu coração bate tão depressa
que parece que vai sair pela boca..."*

Ele era um advogado muito famoso que havia conseguido tudo o que desejara na vida: prestígio, muitos imóveis, carros, vida social intensa; tudo isso fazia dele um homem bem-sucedido. Mal dava assistência à família, pois as audiências, o escritório, os almoços e jantares de negócios lhe tomavam muito tempo. Não agüentando tanta ausência, sua esposa o deixou. Mas sua ansiedade por novas conquistas era tanta que ele não percebeu a perda da família. Não podia parar... Até que, durante uma importante audiência, teve um enfarte.

Socorrido a tempo, sua vida foi salva. Ainda no hospital, teve tempo para refletir. E, fazendo uma análise de toda a sua vida, concluiu: "O que estou fazendo comigo? Preciso mudar meu estilo de vida enquanto é tempo"...

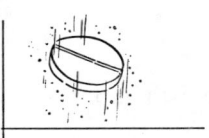

Sal de fruta

Pense:
"Calma! Para que tanta ansiedade?".

A nsiedade vem de anseio e significa desejo de algo. Todo ser humano tem desejos, portanto todos possuem ansiedade. Ela é a força que nos impulsiona a atingirmos nossas metas, aumentando o nosso desempenho em certas ocasiões, quando nos encontramos muito motivados em nossos objetivos. Contudo, se produzirmos ansiedade em alto grau, o efeito dessa força poderá ser inverso, diminuindo nossa produtividade e podendo nos causar transtornos orgânicos.

Quando você sentir-se ansioso(a), não se preocupe tanto; saiba que até certo ponto é normal ter ansiedade. Observe, porém, como está a quantidade dessa força em você. Se ela estiver diminuindo o seu desempenho, em vez de aumentá-lo, é hora de parar e conversar

consigo mesmo(a), perguntando-se o que está acontecendo. Com certeza você encontrará a resposta e assim
poderá redimensionar sua ansiedade para que ela volte
a trabalhar a seu favor.

Facilitadores

✓ Quando se sentir ansioso(a), procure inspirar e
expirar profundamente.

✓ Ande descalço(a) pelo menos meia hora por dia.
Se possível na grama ou na terra.

✓ Pratique um esporte ou outra atividade física, três
vezes por semana.

✓ Faça exercícios de relaxamento.

✓ À noite, escreva num papel tudo o que precisa
fazer no dia seguinte; procure relaxar e dormir
tranqüilo(a), evitando preocupar-se na cama.

✓ Procure viver um dia de cada vez. Um momento de cada vez.

✓ Organize suas atividades por ordem de prioridade e realize cada uma a seu tempo.

———————

A ansiedade poderá levar você
ao fracasso ou ao sucesso:
ao fracasso, se ela dominá-lo(a);
ao sucesso, se você dominá-la.

2. Situação indigesta:
Decepção

"Estou decepcionada. Nunca pensei que ele pudesse fazer o que fez."

Ele foi o único filho que desde criança já demonstrava nitidamente sua vocação. Tinha verdadeira paixão pelos bichinhos e quando encontrava algum animalzinho machucado na rua, trazia para casa e cuidava com todo carinho, até ficar bom. Depois se afeiçoava tanto ao animal que acabava pedindo à sua mãe que o deixasse ficar com o bichinho. Ela deixava e sentia-se feliz por estar, dessa forma, incentivando-o desde cedo a alimentar sua vocação.

Ele foi crescendo, e a casa parecia um zoológico: tinha gato, cachorro, passarinho, peixe, tartaruga, aranha e até mesmo uma jaguatirica, e sua mãe sempre o incentivando.

Chegou a época de prestar vestibular. A escolha já estava feita há muito tempo: veterinária, é claro. Não precisa nem dizer, passou entre os primeiros colocados...

Aquela mãe estava tranqüila com a profissão do filho, pois sabia que seguir a vocação é algo fundamental.

Estava tudo bem na vida desse moço, estudava com paixão e se dedicava a cuidar de seus bichinhos. Até que um dia conheceu uma moça e iniciaram um namoro...

De repente o inesperado aconteceu. Trancou a matrícula do curso de veterinária e começou a dizer que não era bem aquilo o que ele queria fazer na vida. Conseguiu um emprego em banco e prestou vestibular para direito.

Hoje desistiu de ser veterinário, cursa uma faculdade de direito, não consegue se manter em emprego nenhum, doou todos os seus bichos e parece ser um moço muito triste.

Sua mãe ficou perplexa com tal atitude. Na verdade ficou decepcionada, pois pensou que isso nunca pudesse acontecer...

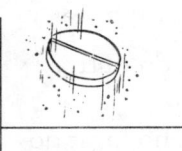

Sal de fruta

Pense:
"Não foi o outro quem me enganou,
fui eu que me enganei a respeito dele".

A decepção ocorre quando colocamos nossas expectativas em alguém ou alguma coisa alheios a nós.

Decepcionamo-nos porque formamos uma idéia de algo ou de alguém sem considerarmos a possibilidade de as coisas serem diferentes daquilo que concebemos.

Decepção é igual a desengano, desilusão, e quem o iludiu foi o seu próprio pensamento, formando uma idéia que não corresponde à realidade. Por isso não fale que alguém o enganou, mas que você se enganou a respeito desse alguém.

Facilitadores

- ✓ Ao formar uma idéia de alguém, pense que essa é a sua realidade e que pode não ser a do outro.

- ✓ Use a empatia, colocando-se sempre no lugar do outro, assim você entenderá que as coisas não eram bem como você pensava.

✓ Procure entender que o que ocorre quando você se decepciona é que não foi o outro quem o enganou, mas sim você que se enganou a respeito dele.

✓ Identifique qual é o seu papel e qual é o papel do outro.

✓ Procure realizar a sua parte da melhor maneira possível, sem se perturbar com o que o outro fez ou deixou de fazer.

A decepção acontece
não porque alguém o(a) enganou,
mas porque você se enganou
a respeito desse alguém.

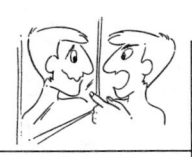

3. Situação indigesta:
Síndrome do pânico

"Estou morrendo e ninguém pode fazer nada por mim..."

Ele era um executivo, pai de família e aparentemente levava uma vida normal. A não ser quando uma sensação horrível tomava-lhe conta, parecendo que iria morrer. Acontecia sempre nas horas mais impróprias e inesperadas.

Certo dia aconteceu no trânsito. Estava dirigindo seu carro, rumo ao trabalho. Naquele dia tinha uma reunião importante, logo pela manhã. O trânsito estava lento *e pesado, e ele, aflito para chegar no horário. De repente um desespero tomou conta de seu coração, que começou a bater descompassadamente. Seu corpo tremia, a respiração ficava difícil, a sensação era de que a morte estava próxima e ninguém podia fazer nada. Nesse momento ele ficou paralisado pelo pânico. Não podia mais dirigir. Foi quando um casal parou para socorrê-lo e levou-o ao pronto socorro. Depois de um tempo tudo passou e o médico veio com o seguinte diagnóstico: "Fisicamente você não tem nada, é só um ataque de pânico... Relaxe e fique tranqüilo". Mas como tranqüilizar-se? E o medo de acontecer de novo...*

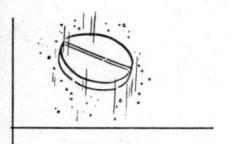

Sal de fruta

Pense:
"Nada de mal vai me acontecer,
isso logo vai passar...".

A síndrome do pânico é um transtorno emocional que potencializa a ansiedade e utiliza como descarga a nossa parte física, causando sintomas como: taquicardia, dores abdominais e no peito, tremedeira, vertigem, suores etc.

Durante um ataque de pânico, a pessoa sente-se incapaz de fazer algo por si própria e também de fazer coisas que normalmente lhe são corriqueiras.

Se você estiver com a síndrome do pânico, não deve se desesperar; pense que, embora a sensação seja terrível, não vai matá-lo(a). Procure acalmar-se pensando que da mesma forma que ela veio, ela vai... É importante que você não só procure um médico, mas também ajuda psicológica.

Facilitadores

- ✓ Durante a crise de pânico, faça exercícios de respiração. Inspire profunda e lentamente pelo nariz, conte até cinco e solte a respiração calmamente, contando novamente até cinco. Faça isso repetidas vezes até se acalmar.

- ✓ Nessa hora, não se preocupe com o que os outros vão pensar de você. Seja seu(sua) melhor amigo(a).

- ✓ Não fique com medo da crise. Se ela vier, procure acalmar-se pensando assim: "Isso logo vai passar".

- ✓ Faça caminhada de uma hora, três vezes por semana, ou pratique outro tipo de exercício físico.

---

*A paz é a conquista de poder viver
a plenitude do momento presente com serenidade,
apesar das dificuldades, considerando o ideal
que se deseja alcançar.*

4. Situação indigesta:
Culpa

*"Se naquela época
eu tivesse a experiência que tenho hoje,
teria agido diferente.
Mas agora é tarde demais..."*

Ele era jovem, gostava de curtir a vida, viajar, conhecer lugares. Seus pais tinham uma ótima situação financeira e custeavam todas as suas aventuras, portanto ele nem pensava em trabalhar. A certa altura de sua vida, largou os estudos e só vivia de aventuras. Seus pais alertavam: "Filho, estudar é fundamental. Ter uma profissão é muito importante". Ele, porém, na ânsia de curtir a vida, não dava ouvidos e continuava descompromissado de tudo.

Hoje, aos 40 anos, sem profissão definida, enfrentando as dificuldades do desemprego, ele pensa: "Puxa, se naquela época eu soubesse a falta que iria fazer meus estudos, teria dado mais atenção aos meus pais e feito tudo diferente... Mas agora é tarde demais".

E assim, sentindo-se muito culpado e arrependido, tornou-se uma pessoa triste, deprimida e envergonhada de si mesma.

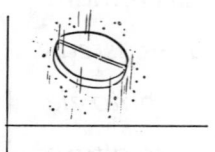

Sal de fruta

Pense:
"Com o tempo, eu cresci e aprendi.
Agora posso mudar e fazer diferente".

À medida que o tempo vai passando, vamos aprendendo com os fatos e, de tempos em tempos, uma nova pessoa nasce dentro de nós. Em cada fase da nossa vida somos uma pessoa, fruto de determinada fase, de forma que a pessoa que somos hoje é diferente da que fomos ontem; contudo, para sermos a pessoa de hoje, foi necessário termos sido aquela pessoa de ontem.

O sentimento de culpa que nos gera mal-estar vem da comparação que fazemos da pessoa que somos hoje com aquela que fomos ontem. Então pensamos: "Puxa, hoje sou uma pessoa bem melhor, por que não fui assim no passado?". Mas devemos fazer justamente o contrário: comparar a pessoa que fomos ontem com a que somos hoje para então notarmos a nossa evolução, passando assim do sentimento de culpa para o de crescimento.

Facilitadores

✓ Observe com alegria a sua maturidade.

✓ Pense que aquela pessoa que você foi ontem não poderia ter agido diferente, pois não pensava como você pensa hoje.

✓ Troque o pensamento: "Eu poderia ter feito diferente" por "Hoje eu posso fazer diferente".

✓ Defina metas a serem alcançadas e faça um plano de ação para atingi-las.

✓ Reveja seus objetivos e procure atualizá-los sempre que necessário.

✓ Invista nos seus talentos e aptidões.

Não assuma a culpa,
assuma apenas a sua parcela de responsabilidade
perante a situação.

5. Situação indigesta:
Depressão pós-parto

"Meu bebê nasceu, está tudo bem, mas eu me sinto triste e insegura..."

Quando ela deixou o consultório médico com o exame de gravidez positivo nas mãos, sua sensação era a de flutuar no espaço, uma alegria imensa fazia vibrar todo o seu ser, o mundo estava mais colorido...

Chegando em casa, ansiosa para dar a notícia ao marido, que já havia chegado do trabalho, jogou-se em seus braços e juntos cantavam e dançavam de alegria... Daquele dia em diante foram meses de preparativos: decoração do quarto, enxoval, escolha do nome; meses de espera e ansiedade.

Enfim chegou o tão esperado dia e o bebê nasceu. Um menino lindo, forte e saudável...

Depois de poucos dias na maternidade, o casal, feliz com seu bebê, volta para casa.

O engraçado é que toda aquela alegria de ser mãe desapareceu. Ela sentia algo estranho; uma melancolia abafava toda a alegria que sentia. Com o bebê nos braços, sentia-se insegura e despreparada...

Agora que sua vida parecia completa: marido dedicado, situação financeira estável, um filho lindo e saudável, ela se sentia assim depressiva... "O que está acontecendo?".

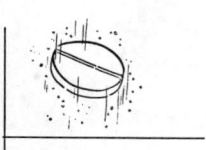

Sal de fruta

Pense:
"Isso é uma fase, logo vai passar...".

*D*urante a gestação, o organismo da mulher gera uma superprodução de hormônios. Após o parto, a taxa de produção desses hormônios cai bruscamente, causando em algumas mulheres uma oscilação de humor, traduzida como depressão pós-parto. É importante conscientizar-se dessa modificação de metabolismo, esperando com paciência que o organismo adapte-se naturalmente às taxas normais novamente.

Facilitadores

- ✓ Caminhe durante uma hora, três vezes por semana.

- ✓ Evite que as suas atividades só girem em torno do bebê.

- ✓ Tenha uma atividade que lhe proporcione satisfação pessoal, como um curso de pintura, aula de dança, esporte etc.

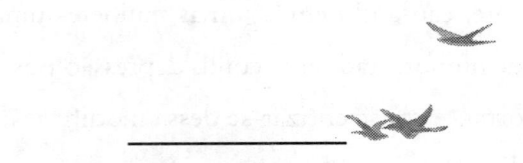

Por meio do sorriso da criança,
a mãe pode recuperar a alegria de viver.

6. Situação indigesta:
Depressão sazonal

> *"Ontem estava me sentindo tão bem, mas hoje já estou triste."*

Quando o dia amanhece ensolarado, ele acorda cantando, animado. Faz sua caminhada logo pela manhã, depois faz um gostoso desjejum, toma seu banho, veste-se e vai para o trabalho, tendo a certeza de que aquele dia será um sucesso.

Entretanto, quando o dia amanhece chuvoso, sem sol, com nuvens pesadas no céu...

Pronto! Seu estado de ânimo cai. Sua vontade é de cobrir a cabeça e passar o dia em cima da cama. Uma melancolia invade o seu ser, não tem vontade de fazer nada, todo o seu entusiasmo pelo trabalho desaparece...

"O que está acontecendo com ele?". Parece que se o dia está sombrio, seu humor também o fica. "Será que o Sol tem alguma coisa a ver com isso?".

Sal de fruta

Pense:
"Essa melancolia logo vai passar".

Nosso corpo é constituído por um conjunto de células em constante movimento. A luz do Sol influencia o grau de agitação das moléculas que constituem as nossas células. Quanto maior a intensidade da luz solar, maior a vibração dessas moléculas. Como conseqüência, aumenta o ânimo e melhora o humor da pessoa. Em contrapartida, quanto menor for a luz solar, menor será a vibração das moléculas, o que diminui o ânimo e predispõe a pessoa a uma melancolia temporal.

Facilitadores

✓ Procure ver filmes, paisagens, fotos com situações de dias ensolarados.

✓ Tome sol sempre que possível, principalmente pela manhã e ao entardecer.

✓ Pela manhã, abra a boca em direção ao Sol, deixando que sua luz penetre em sua boca e garganta por alguns minutos.

✓ Faça exercícios físicos três vezes por semana.

Quando o Sol se esconder por detrás das nuvens
e a sombra do desânimo encobrir
a sua alegria de viver,
lembre-se de que toda nuvem é passageira.

7. Situação indigesta:
Depressão reativa

> *"Falta-me ânimo, sinto-me sem forças para prosseguir."*

Na sua vida tudo estava tranqüilo, tinha uma família maravilhosa. Esposa compreensiva, filhos saudáveis, um bom emprego. Morava num bairro bem situado e pagava um aluguel acessível. Até que um dia chegou um comunicado de que o proprietário da casa ia vendê-la e que precisaria desocupá-la.

Foram dias desgastantes de procura por outro imóvel, mas conseguiram outra casa para morar. Logo após a mudança, ele recebeu um comunicado da firma onde trabalhava dizendo que uma nova unidade estava sendo implantada e que ele seria transferido de local e também de cargo. Mais uma mudança em sua vida que o deixou tenso e ansioso.

Em meio a tudo isso, recebeu a notícia de que seu irmão, casado, perdera o emprego. Foi a gota d'água que faltava para transbordar o seu copo. Começou a sentir-se melancólico, inseguro e desanimado para prosseguir, sem vontade de mais nada...

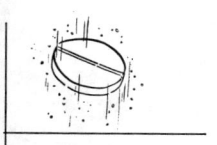

Sal de fruta

Pense:
"Realmente foram muitos desgastes
por que passei. Tenho direito
de me sentir assim... Mas tudo já passou,
agora preciso ter forças para reagir".

*E*xistem, em nossa vida, situações que, analisadas isoladamente, não têm tanta força para nos abalar, porém causam desgastes e o somatório delas pode desencadear uma depressão reativa, que nada mais é que a forma que nosso organismo emocional encontra para reagir aos efeitos dessas situações.

Facilitadores
✓ Tire férias e fique longe de tudo que esteve desgastando-o(a).

✓ Insira na sua rotina um lazer que sirva como válvula de escape para essas situações desgastantes.

✓ Faça exercícios físicos no mínimo três vezes por semana.

✓ Conviva com essas situações de forma mais leve, isto é, não dando tanta importância a elas.

✓ Diante de situações que lhe desgastam, pense: "Eu não vou permitir que isso me abale, pois para tudo existe solução".

Quando as situações acontecerem diferentes daquilo que você esperava, não pergunte "por quê", mas "para quê".

8. Situação indigesta: *Estresse*

> *"Estou me sentindo muito cansada.
> Vou mandar tudo para o espaço,
> não agüento mais..."*

Ela era uma ótima dona de casa, mãe de família e uma esposa exemplar. Trazia tudo muito em ordem, a casa sempre limpa e impecável. As atividades dos filhos, ainda crianças, muito bem organizadas, a roupa de trabalho do marido bem passada e não tinha ajudante em casa. Era tudo por sua conta: cozinhava, lavava, passava, arrumava a casa e ainda levava e buscava as crianças na escola, na natação e na aula de inglês. Quando o marido chegava em casa, o jantar estava prontinho para ser servido.

Foi num dia desses, perfeitos como sempre, quando toda a família estava reunida jantando, que uma das crianças virou a tigela de sopa na mesa impecável... Pronto! Era a gota que faltava para ter uma crise nervosa. Jogou tudo para o alto e disse: "Não agüento mais essa vida... Vou mandar tudo para o espaço".

Surpresos e admirados, o marido e os filhos ficaram pasmos diante de uma crise de nervos por algo tão banal e corriqueiro. Nessa hora perceberam o quanto ela estava estressada e precisava de umas férias.

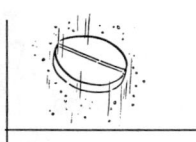

Sal de fruta

Pense:
"A vida não é tão pesada como estou sentindo.
Eu posso andar mais leve,
é só me desligar de tudo que é excesso".

Quando nos sobrecarregamos demais com as atividades do dia-a-dia, chega uma hora que um simples fato é suficiente para nos desestruturar emocionalmente. É como a história daquele senhor que ia fazer uma viagem e sobrecarregou o camelo com toda a sua bagagem. Antes de partir, lembrou-se da sua pena de estimação e no momento em que ele colocou-a sobre o camelo, este arriou. Então o homem concluiu: "Puxa, esse camelo não agüenta nem mesmo uma pena". Na verdade, ele não havia arriado por conta da pena, mas sim por toda a bagagem que já estava em cima dele.

Assim também somos nós. Vamos agüentando, agüentando, até chegar a hora que arriamos. Portanto, é preciso tomar cuidado e evitar sobrecargas.

Facilitadores

- ✓ Redimensione o tempo que você dedica para cada coisa.

- ✓ Inclua na sua rotina exercícios físicos.

- ✓ Envolva-se em atividades de lazer.

- ✓ Eleja um *hobby* capaz de lhe proporcionar satisfação pessoal.

- ✓ Procure ser menos detalhista e mais objetivo(a) nas suas atividades.

Quando não respeitamos nossos próprios limites, podemos ser limitados pelo estresse.

9. Situação indigesta:
Estafa mental

> *"Sinto-me irritado, agitado e cansado.*
> *Já não consigo render como antes."*

Ele era um daqueles funcionários cujo nome era "trabalho" e o sobrenome, "hora extra". Passava na firma quase doze horas por dia e ainda levava relatórios para rever em casa, durante a noite, e nos finais de semana. Ultimamente, sentia-se esgotado. No trabalho, estava com dificuldade para resolver coisas que antes eram de fácil solução. Quando chegava em casa, brigava com a esposa, faltava-lhe paciência *com as crianças e não conseguia relaxar. Seu sono à noite tornara-se agitado, não conseguia dormir direito, no dia seguinte levantava cansado para iniciar o dia. Tinha a sensação de que suas forças tinham-se exaurido. Começou a ficar preocupado com sua saúde e resolveu consultar um médico, que logo diagnosticou o seu estado: estafa mental.*

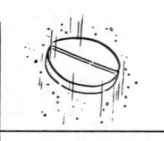

Sal de fruta

Pense:
"Estou desgastado(a) mentalmente,
porque trabalhei mais do que devia.
Preciso refazer minha rotina
para melhorar minha qualidade de vida".

*S*omos corpo, mente e espírito e devemos viver em harmonia. Quando sobrecarregamos uma dessas partes com muito trabalho e pouco descanso, uma acaba afetando a outra e aí perdemos esse equilíbrio natural. Desequilibrados interiormente, tornamo-nos cansados, irritados e agitados. A estafa mental surge da carga excessiva de trabalho para o cérebro, que é forçado muitas horas por dia, resolvendo problemas, muitas vezes sob pressão e sem o descanso suficiente, um sono reparador e tranqüilo. Nesses momentos, o cérebro parece entrar em curto-circuito e nós, em estafa mental.

Facilitadores

✓ Refaça a sua rotina, distribuindo melhor o seu tempo.

✓ Inclua lazer na sua rotina e pratique-o ao menos uma vez por semana.

✓ Faça passeios em lugares onde possa ter contato com a natureza.

- ✓ Faça exercícios físicos no mínimo três vezes por semana.

- ✓ Tenha sono reparador: de seis a oito horas por noite.

- ✓ Assista a filmes cômicos e ria bastante.

Se você não tiver tempo
para cuidar da saúde,
precisará de muito mais tempo
para cuidar da doença.

10. Situação indigesta:
Doença

"Por quê...
por que isso foi acontecer logo comigo?"

Naquele momento, sentada em frente ao médico que tinha os seus exames nas mãos, os pensamentos eram: "Meu Deus, por favor, não permita que esse exame dê positivo, logo agora que consegui aquele emprego tão almejado... Meus filhos precisam de mim... Meu casamento precisa ser reconstruído. Não, isso não vai acontecer comi-

go! Faltam apenas alguns minutos para eu sair daqui feliz, sem esse pesadelo na cabeça".

Mas conforme o médico lia os exames, sua expressão tornava-se séria e a angústia daquela mulher aumentava...

Foi quando ele deu o diagnóstico: "É, realmente, esse nódulo que a senhora retirou do seio possui células alteradas... Precisaremos operar". Foi o modo leve e sutil que o médico encontrou para dizer que era câncer de mama.

Naquele momento, era como se um tijolo tivesse caído na cabeça daquela mulher. Medo, desespero, angústia, confusão mental, aflição, todos esses sentimentos se misturavam dentro dela.

Saiu daquele lugar confusa, pegou o carro e foi para casa...

O tempo passou, foi operada, fez todo o tratamento necessário e sua saúde estava sob controle, contudo ela não se conformava em ter perdido um seio.

Tornou-se uma pessoa amarga, sua auto-estima diminuíra consideravelmente. Por conseqüência, seu casamento se desfez e sua ascensão no emprego estacionou.

Vivia perguntando: "Por quê... por que isso foi acontecer logo comigo?".

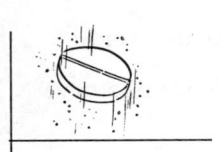

Sal de fruta

Substitua a pergunta:
"Por que acontece isso comigo?"
por *"Para que* aconteceu isso comigo?".

*T*udo o que acontece em nossa vida tem uma finalidade. Nada é por acaso. A doença também tem uma utilidade, ela vem nos trazer um recado, talvez nos dizer que não estamos cuidando bem do nosso corpo ou que nossas emoções estão desorganizadas, ou ainda que precisamos mudar nosso estilo de vida. Portanto, quando a doença bater em sua porta, você deve abrir e recebê-la como uma amiga, uma mensageira, não tendo medo de escutar o seu recado.

Facilitadores

✓ Imagine a doença como uma amiga, que veio lhe trazer um recado para o seu bem. Você não deve livrar-se dela sem antes escutá-la.

✓ Pense que é preciso mudar algo. E então pergunte o quê?

✓ Encare a doença com alegria, pois ela vem propor mudanças e estas significam evolução.

*Não escolhemos a doença,
mas precisamos tomar cuidado
para não escolhermos caminhos
que nos levem até ela.*

11. Situação indigesta:
Deficiência visual

"Como é difícil viver assim..."

Ele era um menino normal até os 12 anos de idade, mas depois daquele acidente perdeu a visão por completo. Sua adaptação ao meio como uma pessoa cega foi muito difícil. Continuou os estudos em escolas especiais e chegou até o colegial e acabou desistindo, não quis cursar faculdade. Atualmente sua vida é bastante monótona, depende da mãe para tudo, sai pouco, quase não tem amigos. Sente muita solidão e tristeza. Fica bastante deprimido quando na rua escuta uma criança dizer: "Olha lá, ele é cego, coitado!!!". Nessa hora, ele sente muita pena de si mesmo e lamenta ter nascido. Jamais aceitou e se adaptou à fatalidade que aconteceu em sua vida.

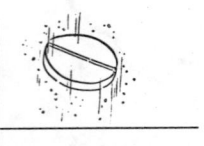 

Sal de fruta

Pense:
"Sou limitado(a) na visão,
mas posso escutar, falar,
andar, sentir, pensar...
e com esses sentidos posso fazer
muita coisa nesta vida".

Quando alguém não aceita uma situação irreversível, arruma um problema permanente. Se a situação não pode ser mudada e nós não a aceitamos, optamos por sofrer para o resto de nossa vida.

A falta de adaptação e aceitação do seu limite gera tristeza, raiva e inconformismo, além de desenvolver um sentimento de autopiedade.

A pessoa que tem uma limitação física, como, por exemplo, a cegueira, deve pensar que todo ser humano é limitado em algum aspecto — por acaso ele(a) é na visão — e que essa limitação lhe propicia desenvolver e aguçar mais os sentidos da audição e do tato, que passam a ser mais usados para compensar a falta da visão.

Facilitadores

✓ Procure realizar atividades que usem os outros sentidos e não a visão.

✓ Faça amigos, mesmo tendo dificuldade para sair. Pode-se fazer amigos por telefone.

✓ Pense que existem pessoas que não são cegas, mas que vivem na escuridão. Há pessoas que, mesmo sem as pernas, vão muito mais longe; e que existem surdos e mudos que são muito mais comunicativos do que aqueles que ouvem e falam normalmente.

A verdadeira visão
é aquela na qual utilizamos os olhos da alma
e esses olhos todos nós possuímos.

12. Situação indigesta:
Traição

> *"O meu parceiro me traiu.*
> *Estou com muita raiva dele."*

Depois de cinco anos de relacionamento, o telefone tocou e alguém do outro lado da linha disse para a mulher: "Estou ligando para lhe falar de algo não muito agradável. Já que seu marido não tem coragem de lhe dizer, resolvi ligar. Há dois anos que nos encontramos e estamos tendo um caso, nos amamos e a única coisa que nos impede de ficar juntos é você. Creio que o que o impede de tomar uma decisão é o senti-

mento de gratidão que ele tem por você, mas isso não é amor. Portanto, peço-lhe que converse com ele e ajude-o a tomar uma decisão".

Após desligar o telefone, suas pernas tremiam tanto que era difícil parar em pé. Nesse momento, seus sentimentos misturavam-se entre raiva, tristeza, dúvida...

Esperou o marido chegar para esclarecer a situação e pôde constatar que o fato era verdadeiro. A partir daí, o mundo desabou sobre a sua cabeça. Passou a conviver com depressão, sua capacidade de concentração diminuiu, não conseguia mais dormir direito. A angústia tomou conta da sua vida...

Sal de fruta

Pense:
"Quem trai não trai o outro,
mas a si próprio(a)".

*P*ara haver traição, antes é preciso haver compromisso. No momento em que alguém não consegue ser honesto com seus compromissos, não trai o outro, mas a si próprio. Portanto, se você está se sentindo traído(a), provavelmente é porque se apossou da traição do outro. Para reverter essa situação, não se culpe e não culpe o outro. Apenas pense que ele é alguém com emoções mal organizadas.

Facilitadores

✓ Procure detectar quais as emoções que você está sentindo no momento. Se identificar sentimentos de culpa, raiva, mágoa e ressentimento, não os alimente, diga: "Eu não quero esses sentimentos para mim, pois são venenos para meu corpo e minha mente e eu não desejo me envenenar".

✓ Desenvolva sentimentos de compreensão e bondade.

✓ Cada vez que se lembrar da situação, repita para si próprio(a): "Ele(a) não me traiu, traiu a si mesmo(a) e desejo que um dia aprenda a ser honesto(a) consigo mesmo(a)".

✓ Evite novos relacionamentos amorosos até conseguir superar a sensação de ter sido traído(a).

Só existe uma traição:
aquela que fazemos com nós mesmos.

13. Situação indigesta:
Separação

> *"Depois de tanto tempo ele me deixou.
> Estou arrasada."*

Acordei pela manhã e percebi que ele já não estava mais ao meu lado. Lembrei-me daquele lindo dia de primavera em que nos conhecemos, quando nossos olhos se cruzaram e eu tive a certeza de que havia encontrado o companheiro para toda a minha vida. Mas hoje, ao acordar, não sinto nem mesmo vontade de levantar, pois a vida sem ele parece não ter mais sentido. É como se todos os meus planos desmoronassem. Ele me deixou mesmo depois de tudo o que vivemos juntos...

Sinto tanta saudade dele, parece que algo em mim se perdeu. Fico pensando: "Onde foi que eu errei?... Quem é o culpado?... Por que tudo terminou assim?".

E os dias foram passando e um grande vazio tomou conta de meu coração...

Sal de fruta

Pense:
"Eu não devo dar ao outro
o poder de me fazer feliz ou infeliz".

*E*nquanto estiver procurando saber de quem é a culpa pelo fim do relacionamento, você estará deslocando para fora aquilo que poderia encontrar dentro de si mesmo(a). É como se você desse ao outro um objeto de uso pessoal e esperasse que ele(a) usasse; e como isso não aconteceu, mesmo porque é difícil caber ao outro aquilo que só serve para você, você se decepciona. Contudo, é nessa hora que você tem a chance de retomar aquilo que sempre foi seu.

Ao analisar o poder que deu ao outro de fazer você feliz, descobrirá a real justificativa para tanto sofrimento.

Facilitadores

✓ Procure detectar quais as emoções que você está sentindo no momento. Se identificar sentimentos negativos, tais como raiva, desânimo, impotência, autopiedade, não os alimente, dizendo para si próprio(a): "Eu não quero esses sentimentos para mim, pois são venenos para meu corpo e minha mente e eu não desejo me envenenar".

- ✓ Evite falar mal de seu(sua) ex-companheiro(a) para outras pessoas, principalmente parentes e amigos. Ao contrário, lembre e comente suas qualidades.

- ✓ Procure investir em outras áreas de sua vida.

- ✓ Melhore sua auto-estima, cuidando mais de sua aparência pessoal e sua saúde física.

- ✓ Pratique exercícios físicos e eleja um *hobby* para se distrair e aumentar seu círculo de amizades.

*A separação não acontece
quando distanciamos nossos físicos,
mas quando separamos nossos sonhos.*

14. Situação indigesta:
Perda material

> *"Uma vida inteira de sacrifícios para perder tudo num piscar de olhos."*

Ele veio de família pobre e trazia dentro de si a força da ambição. Acreditava que vencer na vida significava ter muito dinheiro, conforto e bens materiais. Durante sua vida, ele lutou, sacrificou-se muito e atingiu uma boa condição financeira. Sua firma tornou-se um negócio próspero, capaz de lhe proporcionar tudo aquilo com que sonhava.

Chegou os tempos das vacas magras, a situação financeira do país estava delicada, os negócios estavam ficando cada vez mais difíceis, sua firma passou por dificuldades financeiras e acabou falindo. Não se conformando com a derrota e não querendo perder seu alto padrão de vida, foi vendendo o que tinha, na esperança de logo se recuperar. Quando se deu conta, estava sem nada.

Que desilusão, que golpe, que desespero, uma vida inteira de sacrifícios para terminar assim...

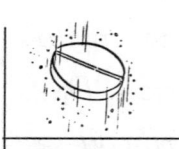

Sal de fruta
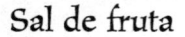

Pense:
"Que se vão os anéis e fiquem os dedos".

O sofrimento da perda material dependerá do valor que você atribuir a ela. A mesma perda pode ter certo valor para um e não ter valor para o outro.

Quando empenhamos nossa força de trabalho em um ideal, as coisas materiais vêm por acréscimo, e mesmo que um dia a percamos, não nos sentiremos derrotados. Porque assim como vieram e se foram, poderão vir novamente, pois nosso ideal permanece e a força de trabalho também. Entretanto, quando você trabalha e se sacrifica para obter bens materiais, se um dia eles se forem, sentirá que o seu trabalho foi em vão e terá perdido todo o seu sentido.

Facilitadores

✓ Observe o que lhe sobrou depois da perda. Agradeça e ofereça a Deus o que lhe restou. Junte a isso a força de seu ideal para alcançar novas metas.

✓ Procure trabalhar para contribuir com algo nobre e não só para adquirir bens materiais, pois se os bens materiais se forem, você saberá que sua contribuição permanecerá para sempre.

✓ Evite procurar um culpado.

✓ Procure aprender algumas lições de vida com a perda.

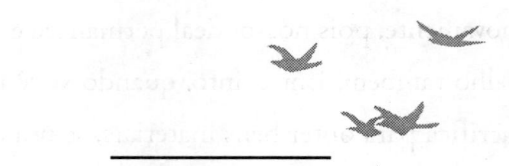

Só existe perda,
se existe posse.
Se de nada nos apossarmos,
nada teremos a perder.

15. Situação indigesta:
Perda ou troca de função

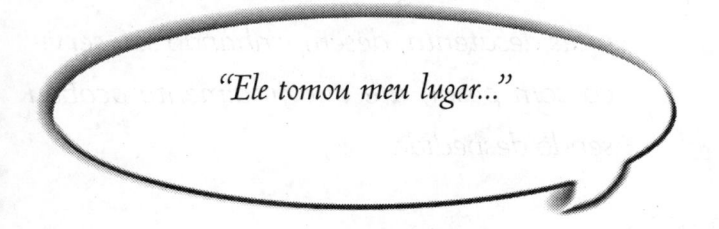

"Ele tomou meu lugar..."

Ela trabalhava havia muitos anos naquela firma. Esteve sempre no mesmo departamento, exercendo a mesma função, até que seu setor foi ampliado. Novos funcionários foram contratados e a sessão onde ela atuava foi reestruturada. Seu chefe achou interessante trocá-la de departamento, colocando um dos novos funcionários para exercer sua antiga função. Embora o novo cargo tivesse tudo para dar certo, ela não conseguiu adaptar-se. Havia se apegado demais ao antigo posto e não se conformava com as mudanças. Sentia-se invadida, injustiçada e pensava que o novo funcionário havia tomado o seu lugar. A cada dia tornava-se mais desatenta, desempenhando seu serviço com pesar, até que finalmente acabou sendo despedida.

Sal de fruta

Pense:
"Toda mudança é uma evolução,
com a qual posso aprender coisas novas e crescer".

*T*rocar de função é inevitável, independe da nossa vontade, pois é determinada por um chefe ou superior. O que acontece é que algumas vezes nos apossamos de um cargo ou função como se sempre tivesse sido único e exclusivamente nosso. É interessante pensar que aquele lugar, antes de ser nosso, já foi de uma outra pessoa e, quando o deixarmos, será de alguém que virá depois de nós.

Se uma mudança de função acontecer em sua vida, é importante que a veja como uma evolução. Nessa hora faça uma retrospectiva do que aprendeu e do que ensinou enquanto exercia sua antiga função e observe onde pode empregar sua experiência no novo cargo. Sinta esse momento como uma grande chance de evoluir emocional e profissionalmente.

Facilitadores

✓ Analise o porquê da mudança.

✓ O que você aprendeu e ensinou na antiga função.

✓ O que você poderá aprender e ensinar na nova função.

✓ Evite remoer sentimentos de inconformismo.

✓ Evite procurar um culpado pela mudança.

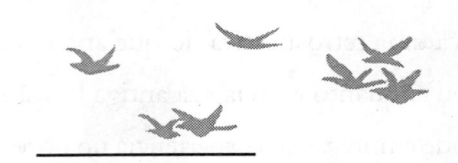

Não existe perda sem ganho
nem ganho sem perda.

16. Situação indigesta:
Aposentadoria

> *"Eu não presto mais para nada.*
> *Não existe mais trabalho para mim."*

Havia algum tempo as coisas andavam estranhas na firma. Na maior parte do expediente ficava ocioso, parecia que seu chefe não lhe incumbia mais de nenhuma responsabilidade. Sentia no coração que algo naquela empresa ia mudar. Quase todos os dias aconteciam reuniões e ele já não era mais convocado a participar. Notava um movimento de pessoas novas na firma, moços que vestiam ternos modernos, traziam nas mãos pastas de executivo, porém tinham estampada no rosto a inexperiência de um recém-formado. Percebendo toda essa situação, começou a ficar desestimulado. Ao acordar, não sentia a mínima vontade de ir para o trabalho. Com muito esforço levantava, olhava-se no espelho, contemplava algumas rugas bem marcadas em sua face, os cabelos já grisalhos e com muito pesar pensava: "Logo serei substituído como uma peça velha e sem valor por outra nova e mais moderna".

Quando chegou ao trabalho, seu chefe chamou-o na sua sala e disse-lhe: "Você foi um funcionário exemplar, sua contribuição para essa firma foi muito valiosa, porém, como você sabe, a firma está passando por grandes modificações e estamos renovando nosso quadro de funcionários, *portanto, nessa atual circunstância, nosso quadro está completo e você não faz mais parte dele".*

Saiu da sala com a cabeça baixa, andar incerto, foi até sua escrivaninha, pegou seus pertences e saiu caminhando pela calçada, sem rumo.

Uma sensação de inutilidade muito grande tomou conta de todo o seu ser.

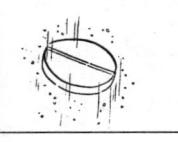

Sal de fruta

Pense:
"A vida é feita de ciclos e,
quando um ciclo termina, outro se inicia".

Nossa vida é constituída de ciclos e, enquanto estivermos vivos, estaremos inseridos em algum deles. O que nos dá a sensação de inutilidade é a tentativa de permanecer num ciclo que já passou. Por você estar apegado ao ciclo anterior, sente-se sem serventia, e essa sensação de "não servir mais para nada" o impede de vivenciar um novo ciclo em sua vida.

Quando uma pessoa inicia sua carreira profissional, sempre pensa na alegria de atingir a aposentadoria. Portanto, é assim que ela deve ser vivida, com alegria, sendo encarada como uma vitória. Você pode usar, nessa nova etapa de sua vida, toda a experiência adquirida nesses anos de trabalho para enriquecer sua nova rotina. Procure pensar que mesmo que lhe falte emprego, nunca lhe faltará trabalho, pois sempre existe algo a ser feito por um mundo melhor. Nesse momento, você está tendo a chance de usar seus talentos e aptidões da forma que melhor lhe convier. Quem sabe chegou a hora de lutar por um grande ideal? A remuneração virá por conseqüência.

Facilitadores

✓ Substitua o pensamento: "Eu não sirvo mais para nada. Estou velho(a) demais" por "Cumpri mais uma etapa da minha vida e estou iniciando uma outra".

✓ Procure descobrir novas funções, em que você possa usar seus talentos e aptidões.

✓ Elabore uma nova rotina. Inclua nela exercícios físicos, caminhadas, cursos, enfim, as coisas que você gosta de fazer e não fazia por falta de tempo.

✓ Pense: "Quando se está vivo, sempre existe alguma coisa a ser feita".

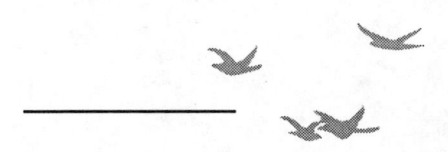

Na vida,
só se aposenta quem acha
que não tem mais nada a fazer.

17. Situação indigesta:
Velhice

> *"Envelheci! Agora estou só
> e não passo de um peso para os outros."*

Ele tinha 68 anos, estava aposentado, era viúvo e morava com sua filha, o genro e dois netos. Sentia-se muito cansado e dizia para a filha que a velhice é algo muito triste, porque o idoso não passa de um peso para os outros. Falava também que estava atrapalhando a vida da filha e tirando o quarto das crianças.

Logo que ele se mudou, seus netos faziam de tudo para deixá-lo feliz. Um deles até queria ensiná-lo a mexer no computador, porém ele dizia: "Não adianta, meu filho, a cabeça do vovô está muito velha e cansada, não consegue aprender mais nada". E assim os netos foram se afastando, pois notaram que o avô não se interessava em aprender coisas novas.

Os dias se passavam e ele se sentia cada vez mais só...

Sal de fruta

Pense:
"Quem envelhece é o corpo e não a mente. Sempre é tempo de aprender coisas novas".

É importante ter a consciência de que quem envelhece é o corpo e não a mente. Todos nós envelhecemos, isso é natural.

Você nasce como bebê, com os anos transforma-se em adulto(a) e posteriormente em idoso(a). Dentro desse corpo mora uma pessoa que, ao contrário do corpo físico, nunca envelhece, contudo pode sentir-se velha. Tudo vai depender da maneira como você pensa a velhice.

É importante não se sentir velho(a), procurando separar o corpo, que se encontra velho, da mente, que é sempre capaz de aprender coisas novas.

Facilitadores

✓ Procure exercitar o raciocínio com jogos educativos: dominó, quebra-cabeça, palavras cruzadas etc.

✓ Exercite a memória, aprendendo e procurando decorar novos nomes de ruas, padarias, lojas etc.

- ✓ Realize um sonho antigo, como tocar um instrumento musical, fazer uma aula de pintura, dança etc.

- ✓ Converse sobre assuntos da atualidade com as pessoas com quem convive.

- ✓ Faça exercícios físicos como caminhada, natação etc.

- ✓ Procure manter-se atualizado(a), leia jornais e revistas. Escute e veja bons programas de rádio e TV.

- ✓ Envolva-se num trabalho voluntário, capaz de fazê-lo(a) se sentir produtivo(a).

A velhice
não é um estado do corpo físico,
mas um estado da alma.

18. Situação indigesta:
Incompatibilidade de gênios

> *"Se ele não mudar,*
> *vou me separar."*

No tempo de namoro, tudo andava às mil maravilhas. Pensavam que tinham nascido um para o outro. Depois de algum tempo de casados, a convivência do dia-a-dia mostrava como eles eram diferentes. Brigavam por pequenas coisas. Ela, detalhista, arrumava a casa de forma impecável e esperava ao menos uma palavra de elogio do marido. Ele, objetivo, não ligava para tais coisas e, além de não a elogiar, era bastante desorganizado.

Quando iam ao cinema, era outra briga na escolha do filme. Ela queria um drama e ele, um filme de ação.

Nos finais de semana, ele ia para a pescaria com os amigos, enquanto ela, que não o acompanhava, ficava reclamando por ele desperdiçar o tempo em vez de procurar fazer reparos na casa.

E assim, cansados de tantas brigas, resolveram separar-se. Motivo: incompatibilidade de gênios.

Sal de fruta

Pense:

"Independentemente de ele(a) mudar ou não, eu vou mudar".

*S*e alguém perguntar a um médico qual dos quatros tipos sangüíneos é o melhor, ou qual a cor de olhos mais correta, com certeza ele dirá: não existe certo ou errado, apenas pessoas diferentes. Assim também é o temperamento. Não existe certo ou errado, as pessoas já nascem com uma predisposição natural para serem mais ou menos emotivas, mais objetivas ou mais detalhistas, com maior ou menor potencial de ação.

Ao convivermos com uma pessoa de temperamento diferente do nosso, podemos observar que o que falta nela sobra em nós e vice-versa. Dessa forma, descobrimos que o que julgávamos ser incompatível conosco é justamente aquilo que nos completa.

Quando isso acontecer com você, procure identificar onde estão as diferenças e use-as como ferramentas, capazes de uni-lo(a) e não de separá-lo(a) das pessoas.

Facilitadores

✓ Pense que temperamento não se muda, se molda.

✓ Observe como estão distribuídas em você as três forças que compõem o seu temperamento e procure equilibrá-las, controlando aquilo que você tem a mais e desenvolvendo aquilo que você tem a menos.

✓ Imagine que é na convivência com pessoas difíceis que se cresce.

As diferenças entre as pessoas
podem ser utilizadas como muro ou ponte,
só depende do que cada uma deseja construir.

19. Situação indigesta: *Briga*

> *"Brigamos o tempo todo porque ela vive me provocando."*

Elas eram irmãs, uma viúva e a outra solteira, e moravam juntas. Uma vivia se sentindo provocada pela outra, por isso brigavam o tempo todo por coisas banais. Se uma pendurava a toalha molhada no banheiro, a outra dizia que lugar de toalha molhada era no varal, e aí já começava uma discussão para o resto do dia. Assim os anos foram passando e a família se distanciou, porque ninguém agüentava visitá-las e presenciar tantos desentendimentos. E elas próprias reclamavam disso também. Uma dizia para a outra: "Uma família tão grande e ninguém se lembra da gente". E a outra respondia: "A culpa é sua, quando alguém vem aqui, você só briga comigo". E assim iniciava-se mais uma briga, que se estendia por muito tempo...

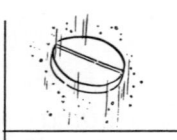

Sal de fruta

Pense:
"Quando um não quer,
dois não brigam".

*I*magine que a palavra do outro tem o peso que nós damos a ela. Assim, seja o que for que escutarmos de alguém, só nos sentiremos ofendidos se nos apossarmos da palavra acreditando ser realmente dirigida para nós.

Se alguém lhe dirigir palavras grosseiras, responda com palavras amáveis, delicadas, porque isso desarma a outra pessoa e, "quando um não quer, dois não brigam".

Facilitadores

✓ Quando o(a) outro(a) estiver nervoso(a) ou querendo brigar, saia de perto.

✓ Se precisar escutar o desaforo do(a) outro(a), viaje na sua imaginação para um lugar onde se sinta bem, como, por exemplo, uma praia ou um campo; assim você ouvirá, mas não escutará e não se sentirá ofendido(a).

✓ Use palavras e gestos delicados, mesmo diante da agressão do(a) outro(a): isso vai desarmá-lo(a).

✓ Durante o discurso ofensivo, pense que o(a) outro(a) está falando para si mesmo(a) e não para você.

✓ Depois de uma discussão, procure desfazer o clima desconfortável, conversando sobre assuntos agradáveis.

*Algumas vezes,
é necessário perder uma batalha
para ganhar a guerra.*

20. Situação indigesta:
Assalto

> *"Fui assaltada, agora estou com medo até da minha sombra."*

Eles moravam num bairro tranqüilo havia muitos anos. Recentemente, fizeram uma reforma na casa, deixando-a como sempre sonharam. O quarto das crianças todo mobiliado, móveis novos na varanda. Tudo muito prático e confortável.

Foi num domingo, quando resolveram passar o dia na praia com as crianças. Ao retornarem, tiveram a grande surpresa: a casa havia sido assaltada! Tudo estava fora *do lugar, uma bagunça. Haviam levado objetos valiosos e algum dinheiro que tinham guardado.*

Depois desse dia, a vida daquela família mudou. O medo de serem assaltados novamente os dominou e qualquer barulho era motivo de pânico. As crianças não podiam mais brincar na rua e viviam apavoradas.

Sal de fruta

Pense:

"Alguém lá em cima olha por mim".

É necessário entender o motivo que leva uma pessoa a cometer um assalto. Não devemos julgar ou condenar tal atitude sem antes tentarmos entender a história que existe por detrás dessa ação. Raciocinando assim, surge naturalmente em nós um forte sentimento de compaixão, capaz de produzir em nosso organismo físico substâncias bioquímicas compatíveis com tal sentimento, até mesmo criando ao nosso redor uma espécie de campo de força, capaz de nos proteger de outras agressões.

É importante também analisar a situação de forma ampla, considerando que, apesar do susto e das perdas materiais, todos estão vivos, prontos para recomeçar de novo. E agora muito mais confiantes na proteção divina.

Facilitadores

✓ Evite ficar inconformado(a) com a perda de coisas materiais.

✓ Treine a empatia e a compaixão, não alimentando sentimentos de raiva ou de revolta.

- ✓ Imagine esse assaltante bebê e pense no que deve ter acontecido na vida dele para ter se tornado um ladrão.

- ✓ Se pensar em justiça, lembre-se de que o maior injustiçado é ele.

- ✓ Pergunte-se: "Por que está aumentando tanto o número de assaltos? Qual a minha parcela de responsabilidade em tudo isso?".

- ✓ Envolva-se em uma atividade social voluntária, de preferência ligada à recuperação de pessoas delinqüentes.

Quem rouba
procura suprir no objeto roubado
o amor que um dia lhe foi furtado.

21. Situação indigesta:
Acidente

> *"Estou inválida, agora sou uma pessoa totalmente dependente dos outros."*

Sempre fui uma pessoa dinâmica, entusiasmada, tinha uma promissora carreira pela frente... Até o dia em que aquele irresponsável cruzou o farol vermelho na minha frente. Agora estou aqui, inválida, nesta cadeira de rodas para sempre.

Que será da minha vida daqui por diante, sem trabalho, totalmente dependente dos outros?

Minha carreira tão promissora foi por água abaixo. Os planos de um dia me casar ficaram tão distantes, pois quem gostaria de ter ao seu lado uma inútil.

E vendo seus planos desmoronarem, ela desistiu de sonhar, o sentimento de autopiedade tomou conta da sua vida...

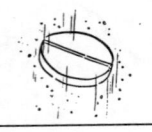

Sal de fruta

Pense:
"Devemos tirar os olhos do problema e colocá-los na solução".

Quando colocamos os olhos na dificuldade e não na solução, essa dificuldade transforma-se num problema, deixando-nos cada vez mais longe da solução. Deixamos de enxergar a saída porque nossos olhos estão direcionados para a dificuldade. No caso de um acidente, no qual a conseqüência é uma limitação física, podemos driblar essa limitação tirando os olhos daquilo que nos faz sofrer e procurando ao nosso redor novas possibilidades.

No entanto, não sabemos o que vamos encontrar, mas estamos nos dando a chance de enxergar uma alternativa. Assim, envolvemo-nos com o mundo a nossa volta e a dificuldade passa a fazer parte da nossa vida apenas como um detalhe, não como o centro de nossas atenções. É como se tirássemos a lente de aumento da dificuldade, passando a vê-la na sua real dimensão.

Facilitadores

- ✓ Procure desenvolver uma função que não necessite da parte lesada.

- ✓ Olhe para o que você tem e não para aquilo que não tem.

✓ Não pense que só você depende dos outros por conta de sua limitação. Pense que todos dependem de todos de alguma maneira.

✓ Observe que, mesmo com a sua limitação, sempre existirão pessoas que dependem de você.

Às vezes,
o acidente que nos impede
de prosseguir nossa caminhada
é justamente o meio que nos leva
a descobrir novos caminhos.

22. Situação indigesta: *Alcoolismo*

> *"Tenho um pai alcoólatra...*
> *Que vergonha!*
> *Não sei como minha mãe agüenta."*

Quando era criança, achava seu pai muito divertido. Nas festas, ele fazia brincadeiras e todos riam. Era sempre o centro das atenções, só que na maioria das vezes voltava para casa carregado pela mãe. Outras ocasiões, chegava do trabalho falando alto e brigando muito com sua mãe, e ela nem mesmo sabia por que ele estava tão bravo. Sentia medo do pai, corria para o quarto, deitava na cama e cobria a cabeça. Lá fora, a gritaria continuava, depois ouvia coisas sendo jogadas e quebradas. Ficava tremendo de medo.

Hoje, aos 22 anos, presencia as mesmas cenas protagonizadas pelo seu pai. Só que agora não acha mais engraçado nem o teme mais... Acha-o ridículo e sente muita raiva e vergonha, pois sabe que seu pai é alcoólatra e não entende por que sua mãe até hoje ainda não se separou dele...

Sal de fruta

Pense:
"O alcoolismo é uma doença
e o alcoólatra precisa de ajuda".

O alcoolismo é uma doença, embora muitas pessoas pensem que seja falta de "vergonha na cara".

Inúmeros fatores podem ser responsáveis pelo alcoolismo, entre eles observamos a predisposição genética, em que a pessoa já nasce uma alcoólatra em potencial, começando a beber socialmente e depois se tornando dependente; ou um desajuste emocional, como, por exemplo, algo que tenha acontecido durante a sua história de vida e a tenha levado a beber.

O alcoólatra normalmente é uma pessoa boa e sensível, que, por algum motivo, consciente ou inconscientemente, acabou usando o alcoolismo como válvula de escape para suas emoções desordenadas.

Antes de fazer qualquer julgamento sobre um(a) alcoólatra, considere o que está por detrás de sua história de vida.

Facilitadores

- ✓ Procure compreender que o alcoolismo é uma doença que precisa ser tratada.

- ✓ Saiba separar as atitudes da pessoa sóbria e da que está alcoolizada.

- ✓ Quando a pessoa estiver sóbria, converse com ela e incentive-a a engajar-se num grupo de apoio emocional que possa ajudá-la a lidar melhor com a situação.

- ✓ Incentive a pessoa a praticar esportes e atividades de lazer, nas quais possa sentir-se querida e acolhida.

- ✓ Evite sermões moralistas ou discussões no momento em que a pessoa estiver alcoolizada.

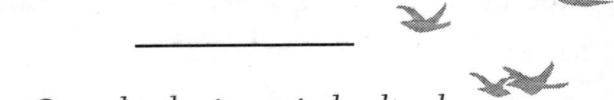

_____

Quando alguém está alcoolizado,
quem está agindo naquele momento é o álcool
e não o alcoólatra.

23. Situação indigesta: *Drogas*

> *"Estou no fundo do poço, mas quero viver. Será que ainda existe uma saída para mim?"*

Seus pais eram daqueles que gostavam de dar tudo do bom e do melhor para seus filhos: bons colégios e muito conforto. Para isso, precisavam trabalhar muito, permanecendo ausentes de casa por muito tempo.

Aos 13 anos, ela já juntava a turminha da escola para tomar sol e nadar em sua casa, muito confortável e gostosa. Aquela turma, porém, ficava lá o dia todo sem a presença de um adulto, e um dia, um deles chegou com uma novidade: um baseado para a turma experimentar. Esse foi o início daquela garota no mundo das drogas.

Da maconha passou às drogas mais pesadas, e para adquiri-las chegou até a roubar o próprio pai. Quando ele descobriu a que ponto havia chegado sua filha, internou-a na melhor clínica de recuperação. Mas um dia ela fugiu e tentou o suicídio. Foi socorrida e levada ao hospital, onde passou muitos dias na UTI entre a vida e a morte. Foi nesse meio-tempo que ela despertou e se questionou sobre o que estava fazendo da sua vida. Percebeu que era jovem e tinha um futuro pela frente... Nessa hora pensou: "Cheguei ao fundo do poço, mas quero viver... Será que ainda existe saída para mim?".

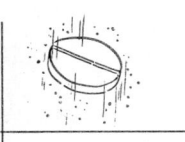

Sal de fruta

Pense:
"Sempre existe saída para quem deseja mudar.
Eu posso, eu quero, eu vou conseguir".

A maioria das drogas causa dependência física e psíquica. Estar dependente significa estar preso, e quem está preso não tem liberdade. Todos nós nascemos para ser livres, portanto aquilo que nos prende e nos limita não serve para nós. Tudo o que tira a nossa liberdade é contra a nossa natureza.

Ao usar drogas, você se torna escravo delas, perdendo o que lhe há de mais precioso: a sua liberdade.

Facilitadores

✓ Admita que é dependente.

✓ Deseje não usar mais a droga.

✓ Evite companhias e situações que vão levá-lo(a) a usar drogas.

✓ Beba bastante chás de ervas naturais.

✓ Pratique um *hobby* que lhe proporcione satisfação pessoal.

✓ Faça muitos exercícios físicos capazes de cansar o seu corpo, a fim de descarregar as tensões da abstinência.

✓ Procure ler livros e reportagens sobre os efeitos e prejuízos causados pelas drogas no corpo e na mente humana.

O preço da liberdade
é a eterna vigilância.

24. Situação indigesta:
Morte

> *"Meu Deus!*
> *Como esta vida é injusta. Ele se foi logo agora*
> *que tinha um futuro brilhante pela frente.*
> *Por que ele tinha que morrer agora?"*

Era um moço forte, bonito, inteligente, tinha a vida pela frente... Tanto esforço para entrar na faculdade e, agora que havia conseguido, esse acidente estúpido veio tirar-lhe a vida.

Hoje, aqui em seu quarto, olhando o seu retrato, seu rosto alegre, cheio de vida, fico *pensando: "Meu Deus, como a vida é ingrata, injusta. Será que existe um Deus que olha por nós? Se existe, como pode permitir que isso aconteça? Meu filho era a minha vida. Agora que ele se foi, a única coisa que desejo é que chegue logo o dia de eu me encontrar com ele".*

E pensando assim, os dias dessa mãe se arrastavam. Perdeu a fé, a esperança e a razão de viver...

Sal de fruta

Pense:
"A morte é uma viagem
que todos nós um dia iremos fazer,
onde teremos novamente
a oportunidade de rever
aqueles que amamos".

Você já percebeu que a saudade que sentimos de um ente querido que morreu é diferente da saudade de uma pessoa querida que viajou para longe? Entretanto, nas duas condições existe uma mesma situação, que é a ausência da pessoa amada. A diferença é que, na viagem, você tem a esperança de um dia poder revê-la e, na morte, você tem a sensação de nunca mais tornar a vê-la.

Assim como numa viagem, quando você sente a dor da ausência e procura se comunicar com uma pessoa, por meio de um telefonema ou de uma carta, pode também fazê-lo no caso da morte, usando a sua imaginação para falar e desabafar com o ente querido. É importante visualizar a pessoa que morreu feliz e em paz, num lugar muito bom, escutando tudo o que você estiver falando para ela e podendo até mesmo interceder por você com Deus.

Facilitadores

- ✓ Coloque uma foto bem alegre do ente querido que faleceu em um lugar visível. Jogue beijos e converse com ele todas as vezes que sentir necessidade.

- ✓ Recorde, com alegria, os momentos felizes que passaram juntos.

- ✓ Não evite falar dessa pessoa.

- ✓ Imagine que essa pessoa foi fazer apenas uma viagem, que um dia você também irá fazer, e que poderão encontrar-se novamente.

- ✓ Pense que o período entre o nosso nascimento e a nossa morte faz parte da nossa existência terrena e é apenas uma etapa da caminhada da nossa alma.

A morte é apenas uma porta
por onde todos nós passaremos um dia.
Assim como ninguém permanece na porta,
também as pessoas que morrem
não permanecem na morte,
apenas passam por ela
e continuam seu caminho
rumo à vida eterna.

Impresso na gráfica da
Pia Sociedade Filhas de São Paulo
Via Raposo Tavares, km 19,145
05577-300 - São Paulo, SP - Brasil - 2018